Я ЛЮБЛЮ ПОРЯДОК У СВОЇЙ КІМНАТІ
I LOVE TO KEEP MY ROOM CLEAN

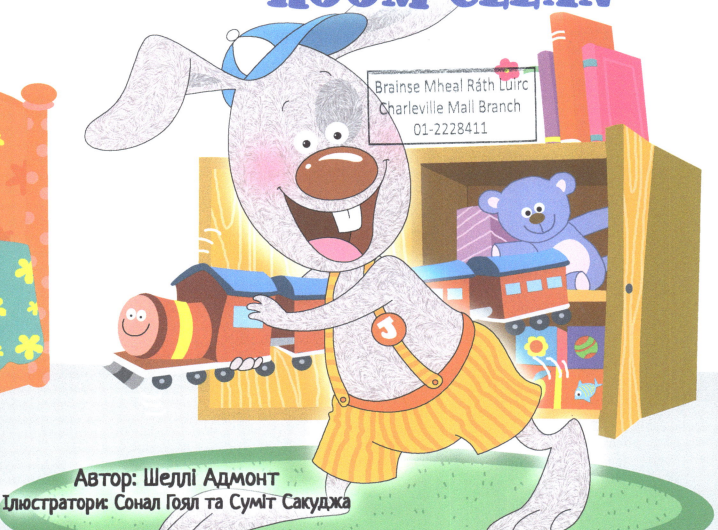

Автор: Шеллі Адмонт
Ілюстратори: Сонал Гоял та Суміт Сакуджа

www.kidkiddos.com

Copyright©2014 by S. A. Publishing ©2017 by KidKiddos Books Ltd.

support@kidkiddos.com

First edition

Translated from English by Elena Shevel
Переклад з англійської мови Олени Шевель
Ukrainian editing by Marina Boot
Редагування українською мовою Марини Бут

Library and Archives Canada Cataloguing in Publication Data
I Love to Keep My Room Clean (Ukrainian English Bilingual Edition)/ Shelley Admont
ISBN: 978-1-5259-4993-7 paperback
ISBN: 978-1-5259-4994-4 hardcover
ISBN: 978-1-5259-4992-0 eBook

Please note that the Ukrainian and English versions of the story have been written to be as close as possible. However, in some cases they differ in order to accommodate nuances and fluidity of each language.

KidKiddos Books

Для тих кого люблю найбільше-S.A.

For those I love the most–S.A.

Це була сонячна субота в далекому лісі. Троє братів зайчиків саме прокинулись, коли їх Мама увійшла до кімнати.

It was a sunny Saturday morning in a faraway forest. Three bunny brothers had just woken up, when their Mom entered the room.

— Добрий ранок, хлопчики, — сказала Мама. — Я почула, що ви тут ворушитесь.

"Good morning, boys," Mom said. "I heard you moving around in here."

— Сьогодні субота, ми можемо спати так довго, як забажаємо, — з посмішкою сказав середній брат.

"Today is Saturday, we can sleep as late as we want," said the middle brother with a smile.

— Ви можете полежати ще трошки, — сказала Мама, — але мені доведеться піти. Сьогодні мені потрібно відвідати вашу Бабусю, тож ви залишаєтеся з Татком, доки я не повернусь.

"You can stay in your beds for a while," Mom said, "but I'll have to leave. I need to visit your Granny today. You'll stay with Daddy until I come back."

— Коли ви встанете із ліжечок і почистите зуби, тоді і поснідаєте, — додала Мама. — Після цього, ви можете почитати книжки або погратися іграшками. Або ви можете вийти на двір і покататись на велосипедах.

"When you get out your beds and brush your teeth, you'll have your breakfast," Mom added. "After that, you can read books or play with your toys. Or, you can go outside and ride your bicycles."

— Ураа! — Братики зайчики почали радісно стрибати на своїх ліжках.

"Hooray!" The bunny brothers started to jump on their beds happily.

— Але...— продовжила Мама, — ви відповідальні за прибирання своєї кімнати.

"But..." continued Mom, "you are responsible for cleaning your room."

— Коли я повернусь, я хочу бачити цей будинок таким же чистим і охайним як зараз. Ви з цим впораєтесь?

"When I come back, I want to see this house clean and organized, exactly as it is now. Can you do this?"

— Звичайно, Мамо, — з гордістю відповів старший брат. — Ми вже дорослі і можемо бути відповідальними.

"Sure, Mom," answered the oldest brother proudly. "We are big enough and we can be responsible."

Після того як вони почистили зуби, Тато подав на стіл смачний сніданок і ще смачніший за нього десерт. А потім почались веселощі!

After they brushed their teeth, Dad served a delicious breakfast and an even more delicious dessert. Then the fun began!

Спочатку зайчики складали пазл. Потім вони грались дерев'яними кубиками. Після цього вони увімкнули потяг і разом гралися залізницею.

The bunnies started by putting together their puzzle. Then they continued to their wooden building blocks. Next they turned on the train and played together with the rail trail.

— Це мій улюблений потяг, — сказав Джиммі, наймолодший брат, запускаючи потяг.

"This railway train is my favorite," said Jimmy, the youngest brother, as he flipped the on switch.

— Це найкращий подарунок з усіх, що мені подарували на минулий День народження.

"This is the best present I've got on my last birthday."

Пройшло декілька годин як зайчики грались вдома, і їм стало нудно.

After playing inside for hours, the bunnies grew bored.

— Пішли гратися на двір! — сказав середній брат, виглядаючи з вікна.

"Let's go play outside!" said the middle brother, looking out the window.

— Так! Але спочатку нам потрібно все тут прибрати, — сказав старший брат.

"Yeah! But we need to clean up here first," said the older brother.

— Ой, у нас ще купа часу до того по comma як Мама повернеться, — відповів Джиммі, — ми можемо прибрати пізніше. Старші брати погодились і вони вийшли на двір.

"Oh, we have enough time before Mom comes back," answered Jimmy, "we can clean up later." The older brothers agreed and they all went out.

Надворі троє братиків зайчиків насолоджувалися сонячною погодою. Вони катались на велосипедах і грали в хованки. І насамкінець вони вирішили пограти в баскетбол.

Outside, three bunny brothers enjoyed the sunny weather. They rode their bicycles and played hide and seek. Finally they decided to play basketball.

— Нам потрібен наш баскетбольний м'яч, — сказав старший брат. — Але я не пам'ятаю куди ми його поклали.

"We'll need our basketball," said older brother. "But I don't remember where we put it."

— Думаю він лежить під моїм ліжком, — сказав Джиммі. — Піду перевірю. Сказавши це, він шкульнув до хати, сподіваючись знайти м'яч.

"I think it's under my bed," said Jimmy. "I'll go check." With that, he ran inside the house, hoping to find the ball.

Коли він відкрив двері своєї кімнати, він дуже здивувався. Деталі від пазла, кубики, машинки, залізнична колія та інші іграшки вкривали всю підлогу.

When he opened the door to their room he was very surprised. The floor was covered with puzzle pieces, building blocks, cars, tracks and other toys.

Так багато речей розкидано по підлозі, подумав Джиммі, проходячи до свого ліжка.

There are too many things thrown on the floor, thought Jimmy, making his way toward his bed.

Зрештою, він спіткнувся і втратив рівновагу. Він спробував втриматись на ногах, але натомість впав прямо на свій улюблений потяг.

Eventually, he stumbled and lost his balance. He was trying to stay upright, but instead fell directly on his favorite train.

— Аяй! — він закричав, спостерігаючи як колеса його потяга розлітаються у різні сторони.
— Ніії, мій потяг! — розплакався Джиммі.

"Ouch!" he screamed, watching the train's wheels flying in different direction. "Noooo, my train!" Jimmy burst into tears.

— З тобою все гаразд, синку? — Тато з'явився в дверях кімнати. Він не міг протиснутися в кімнату через весь цей гармидер.

"Are you alright, honey?" Dad appeared in the door. He couldn't fit inside the room due to all the mess.

— Зі мною все гаразд. Але з потягом… — плакав Джиммі, вказуючи на зламані колеса.

"I'm fine. But my train…" cried Jimmy, pointing to the train's broken wheels.

— Тут навіть потяга не видно, — сказав Тато. — І що саме трапилось у цій кімнаті?

"I can't even see the train," said Dad. "And what exactly happened in this room?"

— Джиммі, що ти там так довго робиш? — почулися голоси інших братів, коли вони забігли до хати.

"Jimmy, why's it taking you so long?" The other brothers' voices as they ran into the house.

— Мій потяг зламався! — Джиммі не переставав плакати.

"My train broke!" Jimmy didn't stop crying.

— Не плач, Джиммі, — сказав старший брат. — Ми що-небудь придумаємо. Тату?

"Don't cry, Jimmy," said the oldest brother. "We'll think of something. Dad?"

— Можливо я полагоджу його, — сказав Тато. — Але вам потрібно тут все прибрати. Коли ви знайдете потяг і колеса — приносьте їх мені. — Сказавши це, Тато вийшов із кімнати.

"Maybe I could fix it," said Dad. "But you need to clean up in here. Bring me the train and the wheels after you find them". With that, Dad went out the room.

— Треба поквапитись, доки Мама не повернулась, — сказав старший брат.

"We need to hurry, before Mom comes back," said the oldest brother.

— Ох, прибирати так нудно, — Джиммі зітхнув і подивився на безлад навколо.

"Oh, cleaning up is boring," said Jimmy sighing and looking around the messy room.

— А давайте перетворимо прибирання на гру, — вигукнув його старший брат.

"Let's play a cleaning-up game then," exclaimed his oldest brother.

Джиммі зрадів.
— Наближається ураган! — він закричав. — Потрібно допомогти всім іграшкам дістатися своїх домівок.

Jimmy became excited. "The storm is coming soon!" he shouted. "We need to help all the toys get back to their houses."

— Ми супергерої, — вигукнув середній брат. Він підняв іграшки з підлоги і кожну з них поклав на своє місце.

"We're superheroes," yelled the middle brother. He picked up toys from the floor and put each one in its proper place.

Весело граючись, брати все поскладали і прибрали.

Playing and enjoying, the brothers organized and cleaned everything.

— Ось всі колеса, — вигукнув Джиммі, підбігши до Тата зі зламаним потягом і колесами у руках.

"All wheels are here," exclaimed Jimmy, running to his father with broken train and its wheels in his hands.

— Ось, я знайшов баскетбольний м'яч! — радісно закричав середній брат.

"Here, I found the basketball!" screamed the middle brother with excitement.

— Поклади його в коробку і... ми впорались, — весело сказав старший брат.

"Put it in its box and...we are finished," said the oldest brother happily.

— Було справді весело, — сказав середній брат і сів на своє ліжко, — але це зайняло в нас цілу годину.

"It was really fun," said the middle brother, sitting down on his bed. "But it took us a whole hour."

— Ні! — закричав Джиммі, як зайшов у кімнату. — Не сиди там!

"No!" yelled Jimmy as he entered the room. "Don't sit there!"

— Що? Чому?! — запитав середній брат, зіскочивши з ліжка.

"What? Why?!" asked the middle brother, jumping off the bed.

— Ти щойно застелив своє ліжко. Якщо зараз посидиш на ньому, то доведеться перестилати його знову, — пояснив Джиммі.

"You just made your bed. If you sit on it now, you'd have to make it again," explained Jimmy.

— Може тепер почитаємо книжку, — запропонував старший брат і підійшов до книжкової полиці.

"Maybe we could read a book now," suggested the older brother, approaching the bookshelf.

— Не чіпай ті книжки, — крикнув Джиммі. — Я розставив їх за кольором!

"Don't touch those books," shouted Jimmy."I organized them all by color!"

— Вибач, — сказав старший брат. — Але чим же нам зайнятися? Ми не можемо нічим гратися.

"Sorry," said the oldest brother. "But what will we do? We can't play with anything."

Вони поміркували деякий час і потім старший брат вигукнув:
— У мене є ідея!

They thought for a while and then the oldest brother shouted: "I have an idea!"

— Що як ми будемо прибирати після кожної гри? — він запропонував. — Тоді нам не доведеться витрачати стільки часу на прибирання іграшок.

"What if we clean up after each game?" he suggested. "Then it won't take so much time to put toys away."

— Давайте спробуємо, — радісно сказав Джиммі.

"Let's try," said Jimmy happily.

Спочатку старший брат почитав цікаву книжку своїм молодшим братам. Коли вони її дочитали, він поставив книжку назад на полицю.

First, the oldest brother read a beautiful book to his younger brothers. When they finished reading, he put it back on the shelf.

Потім вони побудували велику вежу з різнокольорових кубиків. Награвшись, вони поклали кубики назад до коробки — і кімната залишилась чистою!

Next, they built a large tower out of their colorful blocks. When they were done, they put the blocks back into the box — and the room stayed clean!

Саме в цей час у двері постукали Мама з Татом.

At that moment, Mom and Dad knocked on the door.

— Я так за вами скучила, — сказала Мама, — та я бачу вам вдалося утримати свою кімнату в чистоті. Я вами так пишаюсь.

"I missed you so much," said Mom, "but I see you managed to keep your room clean. I'm so proud of you."

— А ось і твій потяг, Джиммі, — сказав Тато і віддав йому іграшку. Колеса були полагоджені і Джиммі широко усміхнувся.

"And here's your train, Jimmy," said Dad, handing him the toy. The wheels were fixed and Jimmy smiled widely.

— Хто бажає скуштувати печиво яке Бабуся спекла для вас? — спитала Мама.

"Who wants to try cookies that Granny made for you?" asked Mom.

— Я! — закричали братики зайчики разом із Татом.

"Me!" shouted the bunny brothers and their Dad.

— Але ми будемо їсти на кухні, а не в цій охайній кімнаті, — дуже серйозно сказав Джиммі. — Правда, Мамо?

"But we'll eat them in the kitchen, not in this clean room," said Jimmy very seriously. "Right, Mom?"

Вся сім'я голосно розсміялась. Вони пішли на кухню їсти печиво.

The whole family started laughing loudly. They went to the kitchen to eat cookies.

З того самого дня брати полюбили прибирати і наводити порядок у своїй кімнаті. Вони гралась усіма своїми іграшками, а після цього складали їх на свої місця.

Since that day, the brothers loved to keep their room clean and organized. They played with all their toys but when they finished, they put everything back in its place.

Прибирання кімнати більше ніколи не займало в них багато часу.

It never took them long to clean up their room again.